파도는
꽃잎을 피운다

파도는
꽃잎을 피운다

이보희 시집

그림과책

제가 글을 쓰기 시작하면서, 늘 마음에 담아 두고 있는 조선시대 한시가 있습니다.

踏雪野中去 (답설야중거) 눈 덮인 광야를 걸어갈 때는
不須胡亂行 (불수호란행) 함부로 어지러이 걷지 마라
今日我行跡 (금일아행적) 오늘 내가 걷는 발자국은
遂作後人程 (수작후인정) 마침내 뒷사람들의 이정표가 되리니

오늘 내가 쓴 글, 오늘 내가 쓴 시가 다른 이에게 이정표가 되었으면 하는 바람입니다. 굴곡진 삶의 흔적을 글로 담아 그동안 한 편 한 편의 시를 기고하고 그 시들을 출간하려 합니다. 부족한 나의 첫 시집을 출간하려니 많은 고민과 생각을 하며 망설였습니다. 세상에 자신을 드러내는 일인지라 원고를 보고 또 보면서 고심에 고심을 거듭한 끝에 선보이기 때문입니다. 오랜 세월이 지나 마침내 빛을 발하게 된 것 같아 이 순간을 자신에게 감사하며 또한 독자들에게 선물할 수 있다는 데 감사하다.

생전에 아들 시인이 되었다며 기뻐하시던 어머니 늘 그립고 사랑합니다. 하늘에는 별이 빛나고 대지에는 꽃이 피고 내 곁에는 당신이 있어 행복합니다. 내 부족한 글에 시평을 써주신 손근호 발행인님 고맙습니다. 이 시집을 발간토록 물심양면으로 도와주신 분들께 진심으로 고맙다는 인사를 드립니다.

2025년 10월

이 보 희

차 례

2부

3부

4부

5부

6부

1부

저 기울어진 산빛 노을 아래

낙엽은 한 잎 두 잎 지고 있는데

내 삶이 정들어

떠나야 할 날이

언제인지 모르니

부족한 사람이 아름답다

매일같이 보고
함께하는 사람이지만
편안함을 주고 위안을 주는
아름다운 사람은 얼마나 있을까

완벽한 사람보다
여백이 있는 사람이
더 아름다운 사람이 아닐까

숲속에 혼자 있어도
새들이 찾아와
품속에 노닐고

바람이 찾아와 손 내밀어
함께 거닐며 들꽃 향기로 맞아주는
그런 편안한 사람이 되고 싶다

님의 목소리

한 음 한 음 수를 놓듯
짙어지는 아름다운 노랫소리에
눈물이 솟는다

끝내 터지고 마는 설움을
모두 실어 보내리
하얀 눈처럼 순결한 님의 목소리

잎새에 실려 오는 저 햇볕에 싣고
진한 커피 향으로 태워
뒹구는 낙엽 속으로 날려 보내리

그만 놓아 주라는데

어둠 뚫고 새어 나오는
달을 그려봅니다

허한 마음에 이는
무성한 바람 소리

텅 빈 가슴을 맴도는
그대의 속삭임

그대가 보고픈 날
하늘에다 편지를 씁니다

그만 놓아주라고
그럴 수 없어서
자꾸 눈물이 납니다

별이 내리는 소리에
그리움 젖어
보고픔 쥔 채로
이 밤 지새웁니다

떠난다, 라는 슬픈 이야기

황금빛 노을빛에
젖어가는 가을아

어느새 잎새는
형형색색 물들이고
지는 잎 너 어이 갈 길 헤매이노

저 기울어진 산빛 노을 아래
낙엽은 한 잎 두 잎 지고 있는데

내 삶이 정들어
떠나야 할 날이
언제인지 모르니

소박한 꿈 하나로
아름답게
묻히고 싶어라

목련

봄 햇살에
방긋
웃어주는 목련
금방이라도 터질 것 같은
꽃망울
하얗고 순박한
꽃잎은
울 엄마
새색시 고운
얼굴

소중한 사람

스치는 바람
밤하늘에 무수히 빛나는
아름다운 별

그 수많은 별 중에 당신을 만났습니다
소중한 인연으로 마주한
당신!

만나니 죽도록 사랑할 수 있다는
이유가 있어 행복합니다

내가 당신을 품은 것은
당신이 꽃 피울 것을 기대해서가 아니라

불투명한 내 품을 믿고 발을 뻗은
당신이 고맙고 따스한 마음이기 때문입니다

선자령

은빛으로 덮인
하얀 세상

새하얗게 품어버린
선자령 눈꽃들이
나를 맞는다

눈이 부시도록 빛을 뽐내는 하얀 세상
대관령 눈꽃들이
나를 반긴다

하얀 눈 속에 돋아난
추억 위로
다시 수북이 눈 쌓이면

스쳐 지나가는
수많은 사람 중에
당신이 있어 걷고 또 걷는다

정상에 오른다고 모두가 행복하지 않다

우리가 산 정상에 오르면
모든 사람이 다 행복할 거라 생각하지만
꼭 그렇지만은 않다
무엇이든 정상에 오른다고
모든 사람이 행복해지는
그런 곳은 없습니다
같은 곳에 가도
행복해하는 사람이 있고
불편해하는 사람도 있을 겁니다
같은 일을 해도
좋아서 하는 사람이 있을 것이고
싫어서 마지못해 하는 사람도 있을 겁니다
같은 음식을 먹어도
맛있게 먹는 사람도 있고
맛없게 먹는 사람도 있듯이
정말 행복한 사람은
모든 것을 다, 가진 사람이 아니고
지금 하는 일을 즐기는 사람일 것이다

이미 사라져 버린 기억들

또렷한 기억도
어느새 엷어지고
엷어진 기억은
발에 밟힌 가을 낙엽처럼
바스러지듯 사라진다

영원히
지워지지 않을 것 같은
기억의 조각들도 뇌리에서 사라지니

삶이란 게 욕심과 탐욕으로
쌓아둔 재물도
호사스러운 명예도
모두 벗어 놓은 채

우리 모두는
그렇게 홀연히 떠나야 한다

어머니 그립습니다

주룩주룩 비가 내립니다
어머니 비 내리듯 그립습니다

이 빗소리는 허공을 떠도는
어머니 통곡의 눈물 같아 애달픕니다

촉촉이 마음을 적시는 이 비는
내 슬픔까지 젖은 걸
어머니 그리며 알았습니다

인연因緣

처음의 만남은
하늘이 만들어 가는 인연이고
그다음부터는
사람이 만들어 가는 인연이라고 합니다

세월이 지나 깨닫는 것은
지금 내 옆에 있어 주는 사람이
진정 인연이 아닌가

하지만
함께하는 시간이
자꾸만 힘이 든다고 느껴지면
그것은
인연이 아닌 게 아닌가

연둣빛 편지

연둣빛 숲길에 내 맘 꺼내놓고
초록 편지를 쓴다

온유한 연둣빛은 티 없이 아름다운
파란 맑은 하늘 담고
고독한 내 청춘
신께서 보내주신 최고의 선물

연둣빛 나뭇잎은
바람에 요동치고 사그라든 뒤
찾아온 아늑한 숲길
눈에 담고 걷는다

이 세상에 세상과
나만이 존재하고
교류

이것이 나의 고독한
산행과 연둣빛 편지

내 마음

내 마음
둘 곳 없을 때
산에 오르고

내 마음
보이지 않을 때
시를 읽고 쓰네

내 마음
실타래처럼 꼬일 때
유유히 흐르는
강물을 찾고

내 마음
허무하여 깊은 바다 같을 때
조용히 눈 감을 수밖에

너에게로 스며든다

언제부터인가
순간 짜릿한 설렘보다

찻잔 속 크림처럼
살포시 녹아들 듯이

너에게로
조금씩 스며든다

화선지 먹물 스미듯
너에게로 촉촉이 스며든다

잎새

안녕이란
슬픈 것이 아니고
잠시 그리울 뿐이야

이별은 누구나
가슴에 박혀있는 응어리처럼

나에게는 길바닥에 흩날리는
잎새, 이렇게 들려온다

잎새는
바람을 무서워하지 않는 것처럼

나 역시
안녕을 잎새이길 애절히 바랐으나

바람에 휘둘린 잎새는
부질없이 떠돌다
홀연히 떠나가네

상처

산다는 것이 상처라면
기꺼이 받아들이겠습니다

가야 할 길을 잃고
아무것도 할 수 없는 지금

온 세상에 발가벗겨진 채로 던져진
나의 모습 같아 슬프다

슬픔이 두렵고 괴롭고
무기력하게 만든다고
그 누구도 말하지 않았다

슬펐지만 상처로 남지 않았으면
상처는 후회로 남지 않기를

저 높은 곳을 향하여

끊임없이
오르고 또 올라

마주한 그곳은
끝이 아닌

또

시작이었음을
깨닫고 내려온다

영원히
오를 수 없는 그곳엔

무엇이
존재하는가

그저 바라보는 너

아파하는 널 바라볼 뿐
슬픔에 젖어 그려볼 뿐이야

바라보는 나
그저 괴로울 뿐

난 네게 해줄 수 있는 건
아무것도 없는 것 같아

분명 알고 있는 건
자신이 없을 뿐이야

2부

둑길 자산 천 갈대숲 사이사이

긴 다리 성큼거리며

쉼 없이 쫓아다니는 백로 가족

나를 돌아보는 마음

자아를 상실하고
심연 속으로 빠져
내 자신이 몹시
부끄럽고 초라하다

언제부터인가
내 삶에는
나만을 최우선 순위로 두려고 했고
다른 이의 삶에는 곁눈질도
하지 않는 나

이런 사상이 뿌리박혀 있었기에
오히려 상대에게
깊은 상처를 주고 있었나 봅니다

결국 이 모든 것이
나로부터 시작되는 것을

봄

등 떠밀어 내쫓는 주점 집 주모처럼
돌아서려는 봄

봄바람에 흩날리는
너의 모습 예뻐라

한 잎 두 잎 떼어내고
길 위에 떨구니 예뻐라

이 비 그치면 버드나무 어우러진
실개천 물안개 슬픈 그네를 탄다

우리는 늘 죽으면서 살고 있다

모든 물줄기는
바다로 정점을 찍듯이
우리네 인생 정점은 죽음이 아닌가
죽음에 막연한 두려움이 있어도
어차피 가야 할 길이라면
초연히 꽃비를 맞으며 가야지
그래서 누구에게나
죽음을 준비하는
마음가짐이 필요한 것인가
~바이런~은
죽음은 사람을 슬프게 한다
삶의 3분의 1을
잠으로 보내면서도
라고 했듯이
덧없는 인생
결과가 아닌 과정이듯
종착점은 죽음이 있다

봄 길

꽃샘추위 시샘에도
논바닥 가운데
여린 연둣빛 새싹

꽃보다 진한 향기로운 잎새들
내 가슴속에서
점점 고개를 내민다

둑길 자산 천 갈대숲 사이사이
긴 다리 성큼거리며
쉼 없이 쫓아다니는 백로 가족

한편에는 유유히 노니는 오리 가족
어여쁘기 그지없구나

날개

그대에게 날아갈
날개가 없어
슬픈 나

이
밤
슬피 울며
잠이 든다

언제쯤 나에게
날개가 돋을까

이
밤
그리움만 곱씹고
잠이 든다

봄비

참았던 눈물 쏟아내듯
속절없이 봄비가 내린다

호두 빵 가게 앞 단풍나무
연둣빛으로 물들이고

겨우내 움츠렸던 초목은
봄비 맞으며 기지개 켠다

가지마다 움틈이 연초록빛으로 피어나고
사랑의 싹 틔운다

봄비는 소리 없이 내리고
연둣빛 초록 소녀
가슴 적신다

봄은 벌써 와 있는데

집 앞 나뭇가지
꽃봉오리
처녀 가슴 터질 듯 솟아오르니
벌써 봄인가 보오

싱그러운 봄 향기 담아
따스한 햇살로 나뭇가지마다
잎눈이 돋고, 꽃망울 솟아오르니
벌써 봄인가 보오

봄이 오니 연둣빛
고운 숲속으로
산벚꽃, 달맞이꽃 맞으러
봄마중 가야지

초록으로 물든 5월

녹음이 짙은
설악산

산새 맑은 소리
풀벌레 고운 노래

영롱한 이슬방울 햇살 품어
나를 맞네

오…
아름다운 자연이여
이렇듯 아름답구나

귀때기청봉 털진달래꽃

겨우내
꽁꽁 얼었던 산야도
따사로운 햇살 아래
서서히 몸을 풀고

귀때기청봉 능선 따라
선홍빛으로 아름답게 수를 놓은
털진달래꽃

고운 님이여
마음 저리도록 그리운
내 님

그대 돌아오는 길 위에
나 다시 피어
그대 가슴에 스몄으면

구름

쪽빛 하늘
구름
꽃
피었네

바람에 실려와
품어 줄 것 같은
솜털구름

하늘에 수놓은
저
구름은

나를 위해 피어난
구름 꽃

나를 오라 손짓하네

푸르른 5월 하늘
하얀 솜사탕 같은 뭉게구름에
이내 몸 싣고 흘러가네

녹음이 짙고 따스한 햇살과
창송蒼松 울리는 바람 소리
태고太古의 느낌을 더해준다

사람 발길 끊겨 순수 자연의
맑음을, 고이 간직한 채
고고히 서 있는 남설악 옥녀폭포 너!
가히 천하일색일세

법왕사 풍경 소리

하늘은 높고
온 산 연둣빛으로 물들이고

살포시 와 닿는
아카시아꽃 내음

싱그러운 봄바람은
사랑하는 이의 손길

적막한 산 중에
애잔히 스미어 울려주는

법왕사 풍경 소리는
내 안의 그리움

아름다운 날

고즈넉한 깊은 계곡
맑은 물 흐르고
드높은 봄빛에
구름 한 점 머무르네

바위틈 홀로 핀
어여쁜 야생화
내 마음엔 네가 핀다

아름답게 흩날리는 산벚꽃
안녕을 고하고
또
만남을 준비한다

마음

감추려 해도
감출 수 없어

지우려 해도
지울 수 없어

너의 손길
너의 미소
너의 향기

정녕 지울 수 없다면
그대 사랑합니다

화진포 호수

콧등에 미소 짓는
봄 내음 맞고

호젓한 호수 길
잔물결 거느리고 걷는다

호수는 말없이 많은 이야기를 한다
그런 호수의 이야기를 들으려
오늘도 호수를 찾는다

달빛 총총히 별을 부르며
고요하게 잠든 호수는
밤물결에 묻혀 떠나네

山

기다려 주는
사람은 없어도

기다리고 있는
산이 있기에

나는 외롭지 않습니다

어차피 인생은 혼자다

외로움은 혼자가 아니다
삶이란 태생적으로
고독하기 때문입니다

어차피 혼자 왔다
혼자 가는 인생

밤하늘에 달조차
날 마중하지 않는다

삶에는 영원한 관계는 존재하지 않는다
이 세상 그 누구도 나를 위로해 줄 수 없고

나만의 고유한 자아실현을 위해
창조적인 삶을 사는 것이다

혼자라고 슬퍼 말고
고독을 삶의 일부로 받아들이면
더 나은 삶을 찾을 수 있을 것이다

나를 위해 살자

그렇지 않으면

남을 위해 살게 될 것이다

3부

하얀

모래 위 꿈도 꾸지 못하고

산산이 부서지는 파도를 보며

나는

오늘도 너를 그린다

소나기

새벽녘
떨어지는 낙숫물 소리는
나를 깨우고

문득
어머니 생각에 잠긴다

굵은 빗줄기만큼이나
격하게 다가오는
어머니 그리움

빗방울 방울마다
어머니 사랑이 가득 담겨 있네요

내 마음에 어머니 싣고 내리는
소나기
헛되이 흐르지 않게 담으렵니다

비 오는 산중

산중
주적주적
비가 내린다

빗소리에 묻힌
매미 울음소리는
왜 이다지 처량하지

산중 매미 소리 하나가
나의 속마음을 후벼 팔 줄이야

속세 떠도는 소리는
가장 시끄럽고 고통스럽지만

산중 계곡물 소리 요란하지만
나의 귀에는 거슬리지 않네

마지막 인사

새벽부터
장대비가 끝자락 잡고
무심히 쏟아붓는다

마지막 인사인가

붉게 영그는 대관령 자락
저녁노을에
안녕을 고한다

보내야 할 시간들
떠나야 할 시간들

바다

별처럼 찬란히 빛나는 흰 물결에
속절없이 빠져드는 바다여

너의
가슴이 너무 넓어 헤아릴 수 없구나

하얀
모래 위 꿈도 꾸지 못하고
산산이 부서지는 파도를 보며

나는
오늘도 너를 그린다

미소

그윽이
커피 한 잔 시켜놓고
창밖 돌섬 위 바라보다

고고히
서 있는 바닷새가

아무리
곱다해도

그대의
해 맑은
미소만 하겠소

바람

정열적인 장미꽃 같은
사람은 아니지만

은은하게 풍기는 매화꽃같이
지치지 않은 사람이었으면 좋겠습니다

살아가면서 많은 인연들을 맺지만
그 만남이 행복할 수도 불행할 수도 있으니

이왕이면 서로에게 위로가 되고
기억될 수 있는 좋은 사람이었으면 좋겠습니다

언제나 마음 안에 깊숙이 스며드는
그런 사람이었으면 좋겠습니다

산다는 것은 무엇일까

제행무상諸行無常

태어나는 것은
반드시 죽고
형태 있는 것은
반드시 소멸한다

빈손으로 왔다가
빈손으로 가는 것이
인생인 것을
무엇이 그리 중한가

삶이란 때론
구름 같은 것
구름 속에도 때론
눈물이 흐른다

허무虛無

눈부신 햇살
반짝이는 윤슬 바라보니
눈물이 차오른다

잠시 머무는 나뭇가지 위
새 한 마리 지저귀는 소리에도
눈물이 차오른다

구름처럼 연기처럼
홀연히 사라지는 삶을 생각하니
눈물이 차오른다

선등船燈

불현듯 시야에 들어선
반짝이는 불빛들

도화지에 그려놓은
그림처럼
마음 설렌다

검푸른 바다 위
고깃배 선등 바라보며
잠시 그려 본다

아파도
바라볼 수 없는
마음을

별밤

처마 밑 멍석 꺼내
집 앞 마당 깔아놓고

온 가족 둘러앉아
볼 수도 갈 수도 없는
고향 이야기로 밤새는 줄 모른다

먼발치 들려오는 개울물 소리
아스라이 밀려오는 별들의 속삭임

손자 베개였던 할머니 무릎 베고
눈 속으로 들어올 것 같은, 별을 보며

별 하나, 별 둘, 별 셋 헤아리다
그만 잠이 든다

아침 햇살이 눈부시게 쏟아지는 날에

싱그러운
아침 햇살 내 마음 흔들고

싱그러운
아침 햇살 내 눈을 적시고

아름다운 이
찬란히 볕이 쏟아질 때
그 햇살 가득 품고 싶다

호수 위 햇살 아래
가만히 일렁이는 글라스 속에
머무르다 보면
아침 햇살이 더욱 깊이 스며든다

천년의 삶

아지랑이 수평선에
풀꽃 내음 넘나들고

소쩍새 울음소리
가는 봄 못내 서러워라

태백산 장군봉
들머리 고갯길 돌아

헐벗은 주목을 바라보니
서러워라

살아 천 년, 죽어 천 년
그들의 겸손함을 일깨운다

달맞이꽃이 피는 언덕

숲속의 앳된
샛노란 달맞이꽃이 피는 언덕
달 밝은 밤이 오면
"기다리는 사랑" 꽃말처럼
당신을 기다렸나요

달님 사랑 그리워
밤이면 밤마다
꽃술 활짝 열고 피었나요

세찬 바람 불어오면
달님이 품어주고
비 내리는 밤이면
별님이 감싸주고
그렇게 정겹도록 마주했지요

길섶 풀벌레 슬피 우는 밤이면
만나고 헤어지고 할 때마다
마음이 닳아 없어져
쓸쓸히 미소를 띠며
시들어가는 달맞이꽃

아름다운 인연

나의 인생길에서
당신을 만난 것이
진정 행운이라 여깁니다

인연은 바람 앞 잎새처럼
어느 날 살며시 내려오지요

우리 먼 훗날 이 소중한 시간들
예쁜 기억으로 남아 있으면 좋겠어

스치는 인생길
아름다운 만남으로 기억되어
남아 있기를

잔잔히 그려진 호수

잔잔한 호수 위
햇살들의 입맞춤

물결 위에 부서지는
햇살이 아름답다

반짝이는 물빛에
반영으로 그려진

예쁜 풍경을
바라보니

헤아릴 수 없고
채울 수 없네

아침 햇살

눈이 부시게 쏟아지듯
밀려오는 아침 햇살

따사로운 햇살은
나에게 닿고

동해 바다 맞닿으면
별빛같이 맑고 고운 빛으로 비춰 주겠지

그래서 참 좋다

돋아나는 아침 햇살

돋아나는
아침 햇살
싱그러운 바다 내음
콧등을 스친다

살포시
내려앉은 운하素霞는
나의 이부자리 되어
포근히 감싸주며

아침을 여는 설렘은
햇살의 입맞춤으로
나를 깨운다

얼굴

커피잔에
그대 얼굴 띄웠어
둥둥
떠다니다가
내
입
닿으면
달콤한 나의 향기
그려볼 수 있겠니

주왕산 주산지

못 속 깊숙이
뿌리내린 오랜 애증 왕버들

가지 위에 아스라이 매달린 바람은
급기야 애달픈 그네를 탄다

주산지 찾아 떠나온
기나긴 여정에

기쁨도 슬픈도 잠시 내려놓고
내 마음 바람 되어 날리려네

가녀린 바람에
구름을 부르며

호수에 잠긴 구름이
끝내 마지막 인사를 한다

72

쪽빛 바다

쪽빛 바다 위
붉게 물든 저녁노을

갈매기 떼 춤추며
나를 오라 손짓하네

참 아름다운 바다여

황혼이 살포시 내려앉은
바다를 보면

누군가에게 꼭
사랑 편지를 쓰고 싶다

파도는 꽃잎을 피운다

파도가 바위에 부딪쳐
아름다운 꽃을 피운다

피우고 사라질 꽃이라면
꽃잎처럼 살기로 하지

이 짧은 인생
마감하는 그날까지

나는 이름 모를 들꽃 되어
살기로 하자

함께 걷고 싶은 사람

오늘 밤 먼 길
그리움 다가오네

함께 걷고 싶은 사람
누가 나와 갈까

누군가 부르면
먼 길 가자 하네

누군가 부르면
함께 가자 하네

4부

잔잔한 음률과

은은한 커피 향

그윽이 바라보며

던진 한마디

사모곡 思母曲

어머니 떠난 그 자리
잊히지 않아
가슴에 아련히 저미어온다

어머니 떠난 후
꿈속 내 손 꼭 잡고
원통해서 어떡하니 하시며
눈물짓던 어머니!

어머니 오늘은 이승에서 마지막 날인
49재입니다

이승에서 힘드셨던 생
가만히 접으시고 편히 가시옵소서

훗날 이별 없을 기쁨 재회하는
그날까지 편히 계시옵소서

눈물

하염없이 내리는
저 빗방울
어머니와 함께 왔으면 좋겠다

창밖 비에 젖은 나뭇잎
흐르는 빗물에 고개 떨구니

가슴속 슬픔이 눈물 되어
속절없이 흐릅니다

어머니

엄마라는 말만 들어도
가슴이 뭉클하며
눈물이 솟아
가슴이 저미어온다

뼛속까지 다 내어준
자식들이 건만
어머니 가슴에 셀 수 없는
못질을 하고
깊이 구멍 난 심장에
비수를 꽂는다

어머니!
홀로 긴 밤 지새우며
외로워 말고
울지도 마세요

엄마가 울면
나도 따라 울고
엄마가 아프면
나도 따라 아프고

엄마가 웃으면
나도 따라 웃지요

어머니!
불효한 자식 용서를 빕니다

엄마 사진

새 보금자리로 둥지를 틀었다
이삿짐 속 손에 잡힌 어머니 사진 한 장
머나먼 곳에 계신 당신이 몹시도 그리운 날입니다

사진 속 우리 어머니도 저렇게 젊은 날이 있었구나
금방이라도 환한 얼굴로, 나올 것 같은 어머니
몹시도 그립습니다

먼 곳에 있다고 볼 수 없는 건 아니고
가까이 있어도 널 볼 수가 없어서 더 슬퍼하지 않았던가
눈 감으면 언제든지 볼 수 있는
어머니가 있으니 다행입니다

오늘 밤 이런저런 얘기 나누다
첫닭 울 때 떠나가세요
저 어머니 보고플 때 눈 감을게요

바람의 흔적

청아한 풍경 소리
풍경에 매달고
내 마음을 실어본다

보고 싶은 당신
그리움 안고 오는 소리에
동화사 법당으로 발길을 옮깁니다

삼배 올려 예를 갖추고
조용히 눈을 감는다

어머니!
바람 불어와 풍경 소리 들리면
제가 다녀간 줄 아세요

오늘도 잊지 못해
바람에 실려 그대에게
머물다 갑니다

엄마는 내 슬픈 운명의 사랑

오늘 가을비 내린다
차창 밖으로 세차게 내리는 비
우두둑우두둑 소리 울리며
내 마음 흔든다

이런 날이면
엄마 하며
나지막이 불러본다

눈빛만으로도
옷고름 풀어 젖무덤 내어 주시던 엄마

한여름 사각거리던
홑이불 덮어 주시던
나의 엄마

어느새 당신은 귀도 먹먹하시고
총기도 흐려지고
마음마저 쇠약해지니
한없이 무너지는 당신을 보면
마음이 아려옵니다

숨

저 나뭇가지 힘겹게 매달려 있는 잎새처럼
하늘거리는 어머니 숨소리가
하염없이 눈물이 솟는다

삶의 마지막 가는 길에
가만히 손을 잡아 봅니다

어머니
지금껏 살면서 이렇게 편히
잠든 모습은 처음인 것 같습니다

자식의 배신

배신은 아무리 시간이 지나도
좀처럼 희석되지 않는다

때론 아픔의 상처가 너무 커서
자신을 탓하기도 한다

혹여 내가 잘못해서, 등등 온갖 추측과 자책으로
고통을 가중시킨다

어머니의 항변 중에
"어떻게 네가 나한테 이럴 수 있어
너한테 어떻게 했는데, 라고"

배신은 삶에서 가장 잔인하고 고통스러운 일이다
그런 줄도 모르고 어머니는 왜 곁에 두려 했나

고향

금강산 해금강 자락
잔설이 희끗희끗
눈앞에 요란하게 출렁이며
부딪치는 저 파도 소리는
내 가슴 속 터지는 소리

잡힐 듯 말 듯
닿을 듯 말 듯

한 발 넘으면 내 뛰놀던 그리운
금강산 해금강이건만

살아생전에 그토록 갈구하며
그리던 고향 땅

끝내 밟지 못하고 영면하신
할아버지 할머니 아버님
그립습니다

이제는 그리움만 가슴에서
파도처럼 출렁일 뿐입니다

할머니 품속

찬 바람이 몰아치는 긴 겨울날
얼음장 같은 손 녹여주시던 할머니 품속
겨울이 찾아오면 유난히도 그립습니다

아궁이에서 생을 다한 장작은
붉은 숯으로 태어나 화로에 담긴다

춤추는 파란 불꽃으로 이면수 굽고
뽀글뽀글 된장찌개도 끓이고
장렬히 산화한다

불씨 남은 재는 마지막 열정을 태우려
다시 방으로 돌아와
재 속 깊숙이 감자 고구마 묻고 나면
따스한 온기로 남는다

동지섣달 화롯불에 둘러앉아
할아버지 할머니 옛날이야기를 풀어놓으셨고
할머니는 잘 익은 고구마를 먹기 좋게
껍질을 벗겨 손자 입으로 대령하신다
지금도 그 맛은 겨울밤의 정취와 함께 떠오른다

그때의 화롯불은 단순히
따스한 온기와 감자, 고구마가 아니라
손주를 사랑하는 마음의 화롯불이었다
그때를 그리며 이 밤 지새운다

그대 사랑합니다

내가 그대에게
읽어 주려고

한 편의 詩를
밤새 외웠습니다

잔잔한 음률과
은은한 커피 향

그윽이 바라보며
던진 한마디

그대 사랑합니다

도치알탕과 도루묵 조림

어머니!
어머니 계시는 곳에도
겨울이 있는지요

먼 산 위에
하얗게 쌓여 있는
눈만큼이나

어머니 향한 그리움
눈이 되어 펑펑
내려 주세요

오늘 같은 날이면
어머니의 따스한 손길 깃든
도치알탕과 도루묵 조림이
마음속 깊이 스며듭니다

외로움으로 살아온 삶

내가 어머니 죽음을
아직 다, 슬퍼하기도 전에

또 다른 아픔이 포개져
내 갈 길을 잃네

시간이 지날수록
쌓여가는 슬픔을
헤아릴 수 없어

삶은 자꾸 버거워지고
외로움으로 지나온
하얀 슬픔이

또 다른 시작일지도 모른다

친구

친구야!
어느새 해가 저물고 있구나

해 질 녘 응봉산 홀로 서서
말없이 드리워진 어둠
바라보고 있네

허무한 지난 세월
아쉬움만 남겨놓고

애처로이 사라지는
저녁노을 바라보니
너의 모습 그립구나

친구 떠난 빈자리
나의 기억 속에 고스란히
품었으니…

사랑하는 서니

널 위한
나의 마음이

조금씩 스며들었나 봐
너에게로

귓가에 맴도는 사랑 노래
갈잎에 새겨두고
춤추네

널 위한
나의 마음이

실개천 소용돌이 물처럼
너에게로
빙빙 돌고 있었나 보다

공덕功德의 탑을 쌓으라 하네

흔히들 덕을 쌓으라 한다
참 쉬울 것 같지만, 가장 실천하기
어려운 일인 듯합니다
하지만 가장 빨리 실천할 수 있는 것은
남을 노하게 하지 말 것이며
오히려 배려해 주면
더 많은 고마운 마음을 얻게 할 것입니다
사람이 살면서 음덕陰德을 쌓으면
나의 빛과 향기를 모두에게 주는 것이니
가장 아름답고 향기로운 존재일 것입니다
또한 자신의 수양으로 내면을 다듬고
보다 나은 인간으로 성장하는
과정일 것이며, 이 모든 것은
아름다운 세상을
우리가 지향하는 방향이라 사료됩니다

5부

오늘도 행복한 바람결에

못내 그리워 우는 코스모스

멀고 먼 추억이 섧기만 하구려

함께여서 행복했습니다

이 세상 저 홀로
위로받을 수 있을까

가을 녘 논두렁 볏짚도
어깨를 기대어 위로를 받고

흔들리는 풀잎
한 점 바람으로 위로받으니

그대들과 나는
보통 인연은 아닌 것 같소

우리들의 만남이
묻히고 잊힌다고 하여도

내 삶에
한 조각 아닐까

낙엽

바람에 못 이겨
나뒹구는 낙엽은

어느새
철새 되어 떠나네

우리의 이별은
헤어지는 것이 아니라

잠시 물안개로 머무르는
속삭임뿐이야

겨울이 찾아오면
가장 안락한 이곳에서

따스한 차와
그리고 음악
내가 있소

떨어지는 낙엽을 보내며

세찬 바람에 단풍잎 스치니
어느새 내 인생에
가을이 왔나 보다

설렘은 간곳없고
허무한 그리움이 찾아오니
겨울이 앞서 있네

낙엽처럼 바람에 쓸려가는
내 방황이 추억 속 그리움인가
내 마지막 황혼의 향연인가

가을

드높은 창공
여백을 둔 채
내 님 채워본다

풀벌레
노랫소리는
나의 맘 흔들고

내 안의 그리움은
낙엽이 되어
흩날리네

낙엽의 허무

연둣빛 잎새도
한여름 뜨거운 햇살 아래 물들이고

예쁜 옷으로 중무장한 너의 향기는
피할 길이 없구나

오색 단풍잎으로 곱게 물든 가을
심연深淵 속으로 잠긴다

못내 떠나면서 남긴 가을
낙엽만이 소복이 쌓이고

바람에 구르는 낙엽은
인생의 덧없음을 대변하는 표상인 것을

시월의 마지막 날에

아!
어느새 시월의 마지막 날
깊어지는 가을빛이 곱기만 하듯
차곡차곡 쌓인 낙엽과 같은 인생길

웃기도 하고 울기도 하며
모진 삶 걸어 왔건만
그럼에도 불구하고
황망하기 그지없네

한세상 살다 갈 소풍 길
묻지도 따지지도 말고
우리 그냥 가세

다시는 못 돌아보는 게 인생이니
우리 그냥 가세나

나뭇잎

나뭇잎 피어나고
설레이던 날들은 너무 짧았다

어느새
저 마른 갈잎 사이로 바람이 이니
그 설레이던 마음을 담아놓은 것 같은
갈 길 잃은 잎새
내 창틀에 날아와 머물고

집
앞

나뭇가지 울음소리
내 마음 할퀴니
나의 겨울은
서글픈 계절이 아니었음 좋겠다

나는 묻는다
어디로 가느냐
갈잎은 또다시 봄을 맞으러 떠난다고

오대산 전나무 숲길

고즈넉한 월정사 전나무 숲길에
지친 몸 싣고 걷는다

푸른 잎 두른 전나무 벗 삼고
청설모 재롱에 웃음꽃 피네

고요뿐인 허공, 천년고찰 월정사
스님의 목탁 소리뿐

부처님께 두 손 모아
빌고 또 빈다

심신心身의 세속을 씻어내는 전나무 숲길은
진리眞理와 영감靈感의 원천이다

코스모스 추억

파란 하늘 아래
가을 속을 걷다가
길섶 홀로 앉아
상념에 잠긴다

눈앞 하늘하늘
피어나는 연분홍 코스모스
참으로 곱게도 자랐구나

오늘도 행복한 바람결에
못내 그리워 우는 코스모스
멀고 먼 추억이 섧기만 하구려

눈 시려 나뭇잎 가린
파란 하늘 아래
멀고 먼 추억이 그립기만 하구나

진정 꽃인 줄 알았습니다

햇살이 스미어
단풍잎 엷게 물들인다

당신이 나를 꽃이라 하니
진정 꽃인 줄 알았습니다

향기 없는 꽃이었기에
그대 그렇게 아무 말도 하지 않고
떠나야 했나 봅니다

나그네

바람에 흩날리는 나뭇잎
새벽빛에 어둠을 무릎 꿇게 하고
터벅터벅 산길 걷는다
초연한 삶을 찾아
우듬지 숨결 벗 삼으며
갈 길 먼 나그네

저 먼 산등선에 걸린
구름 나그네
넘쳐흐르는 눈물 부여잡고
오늘은 이 산
내일은 저 산으로
길 떠나네

구름처럼 떠도는 나그네
바람 속을 가르는 나그네
나그네는 오늘도 머무르지 않는다
그러면서 나도 모른다
나그네는 걷다가 왜
하늘을 올려다보는지

나그네여
하산 길 뽀얀 안개 속 길섶에서
나를 내려놓고 그려본다
오늘도 새벽빛은 하늘을 가르고
그 빛은 나그네에게 시작을 알리고
늘 희망을 품게 한다

물결

고개 숙여 내려 본다
보석보다 찬란한
윤슬

햇빛이 드러나니
눈이 부셔
쳐다볼 수 없는
잔잔한 물결

하얀 구름 벗 삼고
시냇물 떠가는
나뭇잎 앞세워
졸졸 따라가네

낙조落照

저녁노을 붉게 물든 꽃지 해수욕장
낙조에 넋 잃고
숨죽이며 바라본다

문득 엄숙해 오는
고독감을 잠시 내려놓고
아련히 그려봅니다

어느덧 드높은 가을 돌아보니
기쁨보다 후회와 아쉬움이 가슴을 짓누른다

훗날 돌아와 다시 볼 수 있다면
더 멋진 수를 놓고 싶다

내 인생도 남은 가을 삶
아름다운 단풍잎과
붉게 물들어 놓은 낙조처럼

살포시 내려놓고 싶다
내게 있음이

산은 맛집 같구나

산은 맛집 같구나
늘 나를 부르고

언제든지 허한 나를
채워주니

오색 빛
나뭇잎은

밥상 위에 차려진
진수성찬

오늘도 감동으로
품속에 묻는다

수렴동 계곡

참 곱다
어쩜 이리도 고운가

그대를 향한
아름다움은

찬란히 물든
단풍잎들의 반란

형용할 수 없을 만큼
숨 가쁘다

내 작은 가슴도
오늘 고운 빛으로
물들어 간다

햇살이 살포시 내린 날

여명이 드리운
고요한 깊은 숲속의 오솔길

나뭇잎 물들이고
햇살이 살포시 내린 날

맑은 하늘 푸른 잎새에
입맞춤하고 오른다

귓가에 내려앉은
청명한 산새 소리 오늘을 깨운다

하루 첫 발자국부터
불러 주는 응원의 노래

내게 주어진 오늘의 산행
새롭게 다시 시작해 본다

월악산

수려한 월악산
찬란히 나뭇잎 물들이고
산 아래
에메랄드 빛깔의 파란 호수 위
내 맘 꺼내놓고
편지를 쓴다

미움도 있을 것이고
그리움도 있겠지만
보고픈 마음 호수 같아
곱게 접어
호수에 띄워 보냅니다

정선 민둥산

가을볕이 따사로운
정선 민둥산

황장목 소나무와
낙엽송 숲길 지나

드넓은 능선 일대는
참 억새밭이다

가을의 운치를 더하는
억새풀과 함께
가을을 만끽해 봅니다

석양에 살랑대는
은빛 물결 뒤로 하고
훗날을 기약해 봅니다

태화강

태화강
코스모스에
순정을 담고

태화강
갈대는
나의 맘 흔들고

태화강
대나무 숲속 물결에

넋을 놓고
널 그린다

6부

가지 끝에 매달린

너에게 머물다 돌아가고

산그림자도 너를 그리워 찾아오리

나뭇가지 위에 핀 꽃

산자락 잔설이 희끗희끗
밤새 울던 삭풍은

그리움 방울방울
가지 끝에 매달리니

슬퍼서 그런 거니
외로워서 그런 거니

오늘도 내 아련한 산기슭
발자국 소리는

가지 끝에 매달린
너에게 머물다 돌아가고

산그림자도 너를 그리워 찾아오리

소담스러운 눈이 내리던 날

눈이 내린다
소담스러운 눈이
찰지게도 내린다

나뭇가지 위에
살포시
내려앉아 피어난 목화송이

푸른 솔잎 위에 얹힌
솜사탕
소담스러운 눈꽃으로 피었네

저 여린 눈꽃은
한 줌의
햇살이 와 닿으면
덧없이 잊히는 눈물일까

삶의 진리를 찾아서

햇빛을 받아 눈부시게 반짝이는
하얀 눈 꽃송이
혹독한 추위와 인고의 시간을 견뎌내고
앙상한 나뭇가지마다
순결의 눈꽃으로 피어
반짝이는 보석과도 같이
눈부시게 빛을 발하고 있구나

모진 비바람을 피했다면
이처럼 찬란한 눈꽃을 피웠을까

어느새 한낮 햇살에
한 송이 한 송이 눈물이 되어 떨어진다

인생에서 영원한 것은 없듯이
순백의 눈꽃도 눈 깜짝할 사이에 지고
길 것 같은 우리네 삶도
잠시 아닌가

우리는 가끔 이처럼 단순한
진리를 잊고 살고 있다

여명

아침에 눈을 뜨니
감사한다

오늘도 다시 돌아오지 않는
하루이기에 감사한다

삶이란 참으로 복잡하다
곡예를 하듯 아슬아슬
외줄을 탄다

걱정 없는 날이 없고
어느 것 하나 쉬운 게 없어도
깨어 있으니 감사하다

잔잔한 샛바람 내 마음 스치고
어둠의 장막을 거두어 가는
여명의 빛이 있어 감사하다

눈 속 山寺

고즈넉한 산사에
꽃비처럼 흩날리는
눈송이를 무심히 바라보니
반짝이는 별이 쏟아져 내린다

고행苦行의 길
산사를 찾는 수많은 사람들
저마다, 많고 많은 사연을 안고 오겠지

바람결에 들려주는
처마 밑 풍경 소리와
나지막이 들려오는
산사의 계곡물 소리

무겁던 마음을 어느새
희망의 노랫소리인 듯 울려오고
환상의 나래를 편다

설경과 산사에 취해
마냥 들떠있는 등산객 발길은
하얀 추억으로 또 쌓여가겠지

산사를 뒤로하고 발길을 돌릴 때
자꾸만 자꾸만 뒤돌아봅니다

외설악 봉정암에서

머물지 않는 시간

벌써
헤어지려는 시간은
왜
이다지 빠른가

수평선 끝
매달린 쪽박 배

잡으려
잡으려 해도
점점 더 멀어져 가는
세월아

밤새 울던 바람에
한 잎 남은 잎새마저
어디론가
가버렸으니

잡힐 듯 잡히지 않는 너

온 산 가득 채운
잿빛 안개

불어오는 바람결에

운무는 대지 위에
모락모락 피어오르고

다시 못 올 시간임을 암시하듯
잔잔히 흩어진다

이 몽환적인 풍경을 보니

닫혀 있던 마음도
아주 조금씩 위로가 된다

그리움이 묻어나는 설악골

인적 드문 깊은 계곡
옥색玉色 빛으로 물들이고

봄은 아직도 소식이 없는데
떨어진 낙엽만 갈 곳 없이 구르네

설악골 눈보라에
소복이 쌓여

하얀 그리움으로
내게 속삭여준다

그리움 밟고
우리 다시 만날 수 있을까

겨울 산

높은 산
깊은 골
적막한 겨울 산

구름과
하늘이고

묵묵히 서 있네
칼바람 온 산 누비고

헐벗은 나목은
서글피 우는구나

서리꽃 사랑

여명이 움트기 전
비장한 마음으로 장비를 챙긴다

누가 보면 전쟁터 나가려나

거친 숨결 찬 바람에
얼어붙은 입김은
입가에 눈꽃으로 살포시 내려앉는다

설악산 대청봉 다다르니
우듬지 초서처럼 흔들려도
순백의 눈꽃으로 피어
나를 맞는다

어여뻐라
봄에만 꽃 피는가

엄동설한 꽃단장으로
찬란히 피어나는
서리꽃 사랑

太白山

태백산
얄팍한 고운 눈
몸과 맘 다 빼앗겨

넋을 잃고
겨울 눈길을 간다

정상 천재단 올라
창공을 바라보니

창가에 눈이 부셔
뜰 수 없는 햇살처럼

파란 하늘은
맑고 고운

그대
얼굴

피어남과 머묾: 자연과 인간,
관계를 잇는 존재의 순환

손근호(시인·평론가)

　이보희 시집『파도는 꽃잎을 피운다』는 자연과 인간, 관계라는 보편적 소재를 독특한 감각과 서정으로 엮어낸 점에서 매우 뛰어나다. 시인은 목련, 봄비, 진달래, 바다, 나뭇가지 위 꽃 같은 자연 이미지에 삶의 찰나와 감정을 투영하며, 사물과 인간 내면을 투명한 언어로 촘촘히 엮는다. 이러한 감각의 집약과 이미지의 선명성은 기존 한국 서정시의 전통을 계승하면서도 오늘날의 미학으로 재탄생시킨다.

　또한, 인간관계 속 그리움과 사랑, 삶과 죽음, 인연과 이별을 주제로 한 시편들은 정서적 깊이와 진솔함으로 독자에게 깊은 공감을 이끌어 낸다. 특히 시인은 단순한 회상이 아닌 '관계의 시간'을 새롭게 해석하며, 기억과 순간을 섬세하게 포착하는 독자성을 보여준다. 문학적으로도 현대인의 고독과 단절 속에서도 '머묾'과 '피어남'이라는 순환적 존재론을 그려내며, 이는 시집 전체에 일관된 철학적 주제 의식을 부여한다. 이보희 시집은 정서적 울림과 사유적 깊이를 동시에 갖춘 현대 한국 서정시의 우수한 성취로 평가된다.

시집을 전체적으로 분석해 보면 다음의 다섯 가지 키워드로 정리할 수 있다.

① 자연: 단순한 배경이 아닌 존재의 거울로서, 생명과 감정을 드러내는 매개체다. 목련, 봄비, 진달래, 바다, 나뭇가지 꽃 등은 생명 순환과 내면 감정의 풍경으로 변모한다.

② 그리움: 과거와 관계에 대한 애틋한 기억이자 현재를 지탱하는 정서적 힘이다. 가족, 고향, 친구, 사랑하는 이와의 만남과 상실을 통해 인간 존재의 깊이를 드러낸다.

③ 삶과 죽음: 인생의 무상함과 덧없음을 담담히 수용하며, 순간의 빛과 슬픔을 통찰하는 철학적 사유의 축이다. 삶의 본질과 죽음의 자연스러운 귀결을 동시에 노래한다.

④ 인연: 운명과 인간 의지가 교차하는 관계의 본질로, 사랑과 이별, 놓음과 붙잡음의 감정 변화를 섬세하게 포착한다. 관계의 무게와 의미를 긍정적으로 성찰한다.

⑤ 순환: '피어남과 머묾'으로 대표되는 존재론적 순환 개념으로, 생명의 시작과 끝, 인간 내면의 감정 변화를 자연과 삶의 흐름 속에서 일관되게 연결한다.

이제 각각의 키워드에 어울리는 대표작들을 중심으로 살펴보고자 한다.

1. 자연의 숨결 속에서 읽는 존재의 따뜻한 순환

시집에서 자연은 단순한 배경이 아니라, 인간의 내면을 비추는 거울이자 존재를 성찰하게 하는 스승으로 등장한다. 목련의 순백, 봄비의 촉촉함, 털진달래의 선홍빛, 쪽빛 바다의 황혼, 나뭇가지 위 꽃의 고요함은 각각 다른 얼굴을 하고 있지만, 그 속에는 공통적으로 '피어남과 머묾'의 이야기가 깃들어 있다. 이 시들은 자연을 통해 삶의 찰나와 지속, 그 안의 감정의 결을 세심하게 포착한다는 점에서 한 덩어리의 사유로 읽힌다.

시로서의 특징은 무엇보다 감각의 집약과 이미지의 투명함이다. 「목련」은 흰 꽃망울을 "울 엄마 새색시 고운 얼굴"에 비유하며, 단순한 사물 묘사를 초월해 정서적 겹을 두껍게 만든다. 또 「봄비」는 계절 변화의 생생한 묘사 속에서 "연둣빛 초록 소녀 가슴 적신다"라는 결정적 한 줄로, 독자를 자연과 사랑의 교차점에 세운다.

「귀때기청봉 털진달래꽃」은 고산 능선 위의 꽃을 "마음 저리도록 그리운 내 님"으로 치환함으로써, 공간의 고도와 감정의 깊이를 동시에 드러낸다. 그리고 「쪽빛 바다」에서는 황혼의 빛과 바다의 품이 "사랑 편지"를 쓰게 하는 내면의 부름으로 이어지고, 「나뭇가지 위에 핀 꽃」은 잔설과 삭풍, 그리움의 발자국을 병치하며 정적인 풍경 속에서 정서를 머물게 한다.

평론가의 시선에서 떠오르는 철학자의 한마디는 마르틴 하이데거의 이 말이다. "시인은 존재의 거처를 짓는 자다." 이 시들에서 시인은 목련의 얼굴, 봄비의 빛, 진달래의 숨, 바다의 물결, 나뭇가지 꽃의 고요함 속에 '머무를 수 있는 감정의 집'을 지어준다. 하이데거의 관점에서 보면, 이 시들은 사물의 존재를 드러내는 동시에, 그 속에 깃든 인간의 체험을 머물게 한다. 시인의 언어는 순간을 잡아두는 그물인 동시에, 그 순간을 독자 안에서 살아 있게 하는 바람이다.

이 시들을 관통하는 주제 의식은 '생명의 순환 속에 깃든 사랑과 그리움'이다. 「봄비」와 「목련」은 생명의 시작과 재생을 보여주고, 「귀때기청봉 털진달래꽃」과 「쪽빛 바다」는 그 흐름 속에서 맞이하는 만남과 감정의 고조를 표현한다. 「나뭇가지 위에 핀 꽃」은 그 과정의 끝에서 머묾과 회귀를 이야기한다. 이렇게 배열하면, 시들은 하나의 생애 곡선을 그리듯 연결된다 – 피어남(목련) → 생명력의 확장(봄비) → 정서의 절정(털 진달래꽃) → 깊은 부름(쪽빛 바다) → 조용한 귀환(나뭇가지 위의 꽃).

이 시들은 우리의 서정시가 그동안 보여준 자연 친화적 이미지와 인간 내면의 투영 방식이 오늘의 어휘와 감각으로 재현되어 있다. 사물에 대한 정밀한 관찰과 감각어의 절제, 그리고 은유의 유연한 적용은 낭만주의의 자연관을 현대적으로 변용한 결과물이다. 단순한 묘사가 아니라, 사물과 감정이 서로 스며드는 지점에서 시가 태어나고 있다.

특히 근래의 많은 시들이 추상적 사유와 파편적 이미지로 치우치는 경향 속에서, 이 시들은 오히려 고전적인 서정의 흐름을 복원하며, 그 속에 개별적 체험을 정직하게 담는다. '자연–인간–감정'의 삼각 구조를 통해, 잊혀가던 시의 본령–세상과 자아를 잇는 정서의 다리–를 다시 세운 것이다. 독자는 이 시들을 읽으며, 목련의 눈부심 속에 얼굴을 비추고, 봄비의 촉촉함 속에서 마음을 열며, 바다의 황혼 속에서 고요히 편지를 쓰고, 나뭇가지 끝 꽃 속에서 발걸음을 멈춘다. 그리고 깨닫게 된다. 피어남은 머묾을 전제로 하고, 머묾은 다시 피어남을 준비하는 순환이라는 것을.

2. 관계와 기억이 빚어낸 시간의 집

인간은 관계 속에서 태어나고, 관계 속에서 삶을 완성한다. 가족, 친구, 스쳐 간 인연까지–그들은 모두 시간 속에서 사라져도 마음속에는 하나의 '집'처럼 남는다. 이 다섯 편의 시는 바로 그

집을 탐색한다. 시인의 눈은 과거를 단순한 회상으로 그치지 않고, 그리움을 통해 지금의 자신을 세운다. 철학자 마르틴 부버가 말했듯, "모든 참된 삶은 만남이다." 여기서 만남은 단순한 시간적 사건이 아니라, 나를 만들고 지탱하는 힘이다.

「할머니 품속」은 "겨울이 찾아오면 유난히도 그립습니다"라는 문장으로 시작해, 사랑이 실린 온기의 구체적인 풍경을 그린다. 화롯불 위에서 이면수를 굽고 된장찌개를 끓으며, 장작이 "장렬히 산화"하는 모습은 단순한 생활의 장면을 넘어 헌신의 은유로 읽힌다. "따스한 온기로 남는다"는 마지막 정서는, 사랑이 물질을 넘어 기억 속에서 영속한다는 믿음을 전한다. 이 시의 온기는 물리적 열이 아니라, 관계가 남기는 정서적 온도다.

「고향」은 그 온기가 뿌리내린 원천을 보여준다. "잔설이 희끗희끗" 덮인 금강산 해금강은 시인의 마음속에서 여전히 생생하지만, 발로 밟을 수 없는 현실의 거리감을 안고 있다. "잡힐 듯 말 듯/ 닿을 듯 말 듯"이라는 반복은 고향을 향한 갈망과 단절을 동시에 압축한다. 이 갈망은 단순히 지리적 공간을 향한 것이 아니라, 그곳에 얽힌 사람들–할아버지, 할머니, 아버지–를 향한 애도의 연장선이다. 고향은 곧 사람의 집합이자, 잃어버린 관계의 상징이다.

「아름다운 인연」에서는 그리움이 아니라 감사가 중심이 된다. "나의 인생길에서 당신을 만난 것이 진정 행운"이라는 고백은 우연처럼 찾아온 만남이 삶의 전환점이 될 수 있음을 말한다. "바람 앞의 잎새처럼" 내려오는 인연은 의도와 무관하게 다가오지만, 그것을 붙잡아 마음에 새기는 일은 전적으로 나의 몫이다. 시인은 먼 훗날 이 시간을 "예쁜 기억"으로 간직하고 싶어 한다. 이 시는 관계가 현재를 아름답게 할 뿐 아니라 미래의 기억을 예비한다는 점을 보여준다.

「어머니 그립습니다」는 부재의 감정이 얼마나 촉촉하고 무겁게

스머드는지를 보여준다. "주룩주룩 비가 내립니다/ 어머니 비 내리듯 그립습니다"에서 비는 단순한 자연현상이 아니라, 눈물과 목소리를 대신하는 매개체다. "허공을 떠도는/ 어머니 통곡의 눈물"이라는 표현은 그리움이 공간을 채우고 있는 상태를 그린다. 이 시의 감정은 다른 어떤 대상보다 절대적이며, 삶의 한 중심축이 무너졌을 때 남는 공허함을 전한다.

그리고 「친구」는 혈연을 넘어선 관계의 그리움을 담는다. "허무한 지난 세월/ 아쉬움만 남겨놓고" 사라진 친구의 부재는 저녁노을과 함께 묘사되며, 시간의 흐름과 사라짐의 필연성을 은유한다. "너의 모습 그립구나"라는 간결한 고백은, 아무리 시간이 지나도 관계의 흔적이 지워지지 않는다는 사실을 직설적으로 드러낸다.

이 시들은 서로 다른 관계—할머니, 고향 사람들, 연인 혹은 지기, 어머니, 친구—를 다루지만, 공통적으로 '나를 만든 사람들'을 기록한다. 이는 한국 서정시 전통에서 중요한 '관계 서정'의 맥을 잇는다. 특히 개인화와 고립이 심화된 시대에, 이 시들은 여전히 인간을 '관계의 존재'로서 바라본다. 그리움, 감사, 상실, 회복이라는 감정의 스펙트럼을 자연스럽게 이어 붙이며, 삶이란 결국 사람과 사람 사이의 온도에서 형성된다는 메시지를 전한다. 시를 덮고 나면, 독자는 각자의 마음속에 있는 '시간의 집'을 떠올리게 된다. 그 집은 온기를 품고, 추억을 보관하며, 앞으로의 나를 지탱할 힘을 조용히 길러준다.

3. 삶과 죽음, 그리고 그 사이의 허무와 순간

삶은 본질적으로 불완전하고, 그 끝은 반드시 죽음에 닿는다. 그러나 그 과정에서 우리는 무엇을 붙잡아야 하는가? 여기 모인 시들은 바로 이 질문을 근원적으로 탐구한다. 정상에 오른다고 모두가 행복하지 않으며, 인생은 허무하고 덧없다. 하지만 그 허무와 덧없음 안에도 순간의 빛과 슬픔이 깃들어 있음을 섬세하게 그려낸다. 이 시들은 죽음에 대한 초연함과 삶의 순간순간을 사유한다.

먼저 「정상에 오른다고 모두가 행복하지 않다」는 '정상'이라는 관념의 허구를 깨뜨린다. 시인은 "모든 사람이 다 행복할 거라 생각하지만/ 꼭 그렇지만은 않다"고 단호히 말한다. 정상에 오르는 행위가 곧 행복을 보장하지 않으며, 같은 환경도 각자의 감정에 따라 천차만별로 받아들여진다는 점에서 삶의 주관성을 강조한다. "정말 행복한 사람은/ 지금 하는 일을 즐기는 사람"이라는 시구는 현대 사회가 '성공=행복'이라는 등식을 해체하며, 내면의 충만함이 진정한 행복임을 환기시킨다.

「우리는 늘 죽으면서 살고 있다」는 죽음을 삶의 정점으로 바라보며 초연한 태도를 권유한다. "모든 물줄기는 바다로 정점을 찍듯이" 죽음도 삶의 한 과정임을 은유하며, "죽음을 준비하는/ 마음가짐"의 중요성을 강조한다. 시인은 바이런의 명언을 인용해 덧없는 인생을 잠에 비유하며, 결과보다 과정이 중요한 삶의 본질을 짚는다. 이 시는 삶과 죽음을 연속선상에 놓고, 죽음을 두려움이 아닌 자연스러운 귀결로 수용하는 동양적·서양적 사유의 조화를 보여준다.

「산다는 것은 무엇일까」는 불교의 '제행무상諸行無常' 개념을 시적으로 구현한다. "태어나는 것은/ 반드시 죽고", "형태 있는 것은/ 반드시 소멸한다"는 진리는 삶의 무상함을 직시하게 한다. 특히 "빈손으로 왔다가/ 빈손으로 가는 것이 인생"이라는 구절은 집착을 내려놓고, 인생의 본질을 담담히 바라보는 깨달음을 담고 있다. 시 속 '구름 같은 삶'과 '구름 속 눈물'은 순간의 아름다움과 슬픔이 공존하는 존재론적 진실을 시적으로 드러낸다.

「허무虛無」는 눈부신 자연 속에서 느껴지는 존재의 일시성과 허무를 감각적으로 묘사한다. "눈 부신 햇살", "반짝이는 윤슬", "새 한 마리 지저귀는 소리" 모두가 아름답지만 동시에 "홀연히 사라지는 삶"을 상기시키며, "눈물이 차오른다"는 감정이 고조된다. 이 시는 미학적 경험과 허무 사이의 긴장감을 통해, 인간 존재의 덧없음을 오롯이 체감하게 한다.

그리고「머물지 않는 시간」은 시간의 흐름과 이별의 아픔을 노래한다. "헤어지려는 시간은/ 왜/ 이다지 빠른가"라는 물음은 우리 모두가 겪는 시간의 무상함과 상실감을 함축한다. "수평선 끝/ 매달린 쪽박 배"와 "점점 더 멀어져 가는/ 세월"은 잡힐 듯 잡히지 않는 시간과 기억을 시각적으로 표현하며, "밤새 울던 바람에/ 한 잎 남은 잎새마저/ 어디론가/ 가버렸으니"라는 대목에선 그리움과 상실의 정서를 서정적으로 마무리한다.

이 시들은 삶과 죽음이라는 철학적 주제를 바탕으로, 순간의 감정과 존재의 허무함을 동시에 담아내는 현대 서정시의 전형을 보여준다. 각각의 시는 서로 다른 관점에서 삶의 무상함을 이야기하지만, 결국 '현재의 순간을 어떻게 받아들이고 사는가'라는 질문으로 귀결된다.

특히 이 작품들은 삶과 죽음에 관한 개인적 사유를 통해 보편적 인간 경험에 깊이 공명한다. 현대 사회의 속도와 불확실성 속에서 독자들에게 '행복은 소유가 아니라 태도'임을 상기시키며, 죽음을 두려움이 아닌 자연스러운 '마지막 여정'으로 수용하는 성숙한 인식을 제시한다. 동시에 '산다는 것'과 '머물지 않는 시간'에 대한 시인의 진지한 질문은 우리 모두의 내면을 울리는 깊은 울림을 준다.

4. 놓을 수 없는 사랑의 무게

인생의 가장 근원적인 감정 중 하나는 '인연'이며, 그 인연은 때로 아름다운 그리움이 되고, 때로는 놓아주지 못하는 애절한 마음이 된다. 이번 시 모음은 바로 그러한 인연과 그리움의 심연을 탐구하며, 인간 내면 깊숙이 자리한 사랑과 이별, 그리고 관계의 본질을 섬세하게 조명한다. 프랑스 철학자 사르트르는 "타인은 지옥이다"라는 말로 인간관계의 복잡성을 단언했지만, 이 시집은 오히려 인연 속에서 발견되는 애틋한 온기를 통해 관계의 의미를 긍정적으로 새롭게 정의한다.

　먼저「그만 놓아 주라는데」는 '놓아주지 못하는 사랑'의 고통을 절절히 담아낸다. "어둠 뚫고 새어 나오는/ 달을 그려봅니다"라는 첫 구절에서부터 시인은 고독과 애절함의 심연으로 독자를 이끈다. "그만 놓아주라고" 간절히 외치는 마음과 "자꾸 눈물이 납니다"는 고백은 그리움이 단순한 기억을 넘어 현재의 생생한 감정임을 보여준다. 밤하늘에 편지를 쓰는 듯한 시적 이미지로, 상실과 애달픔의 정서가 깊게 전해진다.

　「님의 목소리」는 사랑하는 이를 그리워하는 마음이 "아름다운 노랫소리"로 승화되는 순간을 포착한다. "한 음 한 음 수를 놓듯" 목소리가 점점 짙어지며 "하얀 눈처럼 순결한 님의 목소리"에 눈물이 솟는다. 이 시는 청각적 이미지와 촉각적 감성이 어우러져, 목소리 하나로 사랑의 정서가 구체화되는 순간을 서정적으로 그린다. "잎새에 실려 오는 햇볕"과 "진한 커피 향"이라는 은유는 기억과 감각이 어떻게 사랑의 기억을 지속시키는지 감동적으로 보여준다.

　「너에게로 스며든다」는 사랑의 시작이 격렬한 감정에서 차분한 '스며듦'으로 변화하는 섬세한 과정을 그린다. "찻잔 속 크림처럼/ 살포시 녹아들 듯이"라는 표현은 사랑의 자연스러운 침투와 깊이를 아름답게 묘사한다. 또 "화선지 먹물 스미듯/ 너에게로 촉촉이 스며든다"는 시구는 사랑이 일상의 작은 순간들 속에서 서서히 확장되며 온 존재에 스며드는 과정을 시적 언어로 완벽히 형상화한다.

「지울 수 없는 너」는 사랑의 흔적이 얼마나 강렬하고 지울 수 없는지를 고백한다. "지우려 해도/ 지울 수 없어"라는 반복적 진술은 감정을 억누르려 해도 불가능함을 강조한다. "너의 손길/ 너의 미소/ 너의 향기"라는 구체적 이미지들은 사랑의 기억이 오감으로 각인되어 있음을 보여준다. 마지막에 "정녕 지울 수 없다면/ 그대 사랑합니다"라는 역설적인 결론은 잔잔하면서도 깊은 울림을 남긴다.

그리고 「인연因緣」은 사랑과 관계의 본질을 철학적으로 성찰한다. "처음의 만남은/ 하늘이 만들어 가는 인연이고/ 그다음부터는/ 사람이 만들어 가는 인연"이라는 구절은 운명과 인간 의지의 조화를 말한다. "내 옆에 있어 주는 사람이/ 진정 인연"이라는 깨달음은 인간관계의 가치에 대한 진솔한 통찰이다. 그러나 "함께 하는 시간이/ 자꾸만 힘이 든다고 느껴지면/ 그것은/ 인연이 아닌 게 아닌가"라는 냉철한 판단도 포함되어 있어 관계의 지속에 대한 현실적인 시선을 담았다.

이 시들은 모두 '인연'이라는 주제를 다양한 감성 층 위에서 탐색한다. 놓아주지 못하는 사랑의 고통에서부터, 그리움이 기억과 감각을 통해 생생히 살아나는 순간, 그리고 점차 스며들고 공고해지는 애정, 끝내는 애틋하지만 놓아야만 하는 인연의 무게까지, 시들은 사랑의 복합적 모습을 입체적으로 보여준다.

이 시들은 서정시의 전통적 형식을 유지하면서도 현대인의 관계와 감정을 심도 있게 파고드는 '내면 탐구형 서정시'의 특징을 갖는다. 감각적 이미지와 은유를 통해 정서의 섬세한 변화를 포착하며, 심리적 사실주의와 철학적 성찰을 아우르는 현대 한국

시의 중요한 경향성을 대표한다.

특히 이 작품들은 인간관계와 사랑에 관한 보편적 주제를, 개인의 내밀한 경험과 감정으로 환원해 표현하는 데 성공했다. 특히 '놓아주지 못함'과 '지울 수 없음'의 모순된 감정들을 조화롭게 그려내어, 현대인의 사랑과 이별의 현실성을 담아낸 점에서 높은 평가를 받을 만하다. 또한 '인연'에 대한 철학적 해석은 동양적 사유와 현대인의 심리를 아우르는 다층적 의미를 제공한다.

5. 자연과 기억, 그리고 존재의 정원에서

이 시 모음은 자연이라는 공간에서 인간의 내면 깊은 기억과 존재의 의미를 탐색한다. 자연은 단순한 풍경을 넘어 삶의 진리와 영감을 품는 '정원'이 되며, 그 속에서 우리는 시간과 영원, 기억과 현재가 교차하는 지점을 마주한다. 이 시들은 자연 속에서 인간 존재의 근원을 사유하게 만든다. 시들은 외형적 풍경 묘사를 넘어서 존재와 기억, 시간의 흐름을 섬세하게 포착하며 독자를 깊은 사색의 자리로 안내한다.

「선자령」은 흰 눈으로 덮인 고요한 산자락에서 과거와 현재의 시간적 교차를 느끼게 한다. "은빛으로/ 덮인/ 하얀 세상"이라는 첫 구절부터 순백의 공간이 환하게 펼쳐지며, "스쳐 지나가는/ 수많은 사람 중에/ 당신이 있어 걷고 또 걷는다"는 시구는 단순한 자연 풍광을 넘어, '기억'과 '존재'의 교차점으로 자연을 승화시킨다. 눈꽃처럼 쌓이는 추억은 시간 속에 존재하는 자아의 한 조각이며, 자연은 그 추억을 감싸안는 어머니와 같다.

「화진포 호수」는 봄 내음과 고요한 호수 길을 배경으로 '말없이 많은 이야기'를 담고 있는 자연과의 교감을 그린다. "콧등에 미소 짓는/ 봄 내음"과 "잔물결 거느리고 걷는다"는 섬세한 감각 묘사를 통해, 자연과의 대화가 조용하지만 생생히 이어지는 순간을 포착한다. 특히 "달빛 총총히 별을 부르며/ 고요하게 잠든 호수"라는 이미지는 밤과 낮, 빛과 어둠이 공존하는 자연의 이중적 속성을 은유하며, 존재의 심오함과 시간의 유동성을 느끼게 한다.

「주왕산 주산지」는 깊은 호수 속 뿌리내린 왕버들과 바람, 그리고 그 속에서 일어나는 감정의 파동을 통해 '애증'과 '이별'의 정서를 조용히 표출한다. "가지 위에 아스라이 매달린 바람은/ 급기야 애달픈 그네를 탄다"라는 시구는 바람이라는 무형의 존재가 정서적 울림을 전달하는 독특한 형상화다. 또 "기쁨도 슬픔도 잠시 내려놓고/ 마음 바람 되어"의 표현은 자연과 인간 감정의 경계를 허물며, 그 속에 스며든 '마음의 자유'를 말한다.

「오대산 전나무 숲길」은 고요한 숲길을 배경으로 심신의 정화와 영적 치유를 묘사한다. "푸른 잎 두른 전나무 벗 삼고"와 "스님의 목탁 소리뿐"이라는 묘사는 엄숙하고 평화로운 숲의 분위기를 생생히 전하며, "부처님께 두 손 모아/ 빌고 또 빈다"는 종교적 경건함과 "진리와 영감의 원천"으로서 자연의 신성함을 강조한다. 이 시는 자연과 인간 내면의 조화를 통해 현대인의 정신적 갈망과 회복의 공간을 제시한다.

그리고 「월악산」은 찬란히 물든 산과 호수를 배경으로 감정의 순환과 수용을 그린다. "수려한 월악산/ 찬란히 나뭇잎 물들이고"라는 시구는 자연의 빛나는 순간을 포착하며, "미움도 있을 것이고/ 그리움도 있겠지만"이라는 고백은 인간 감정의 복합성과 자연의 담담한 포용성을 대조적으로 그린다. "보고픈 마음 호수 같아/ 곱게 접어/ 호수에 띄워 보낸다"는 마지막 장면은 인간 내면의 감정이 자연을 통해 치유되고 정화되는 순간을 아름답게 상징한다.

이 시들은 자연을 단순한 배경이 아닌, 기억과 감정, 존재와 시간의 교차로로써 활용하며 서정시의 미학을 심화시킨다. 각 작

품은 자연의 다양한 풍경과 분위기를 통해 인간의 내면 풍경을 드러내고, 동시에 독자에게 자연과 존재, 시간에 대한 철학적 성찰을 유도한다. 이러한 점에서 이 시들은 현대 서정시의 '내면 탐구'와 '자연과의 대화'라는 중요한 문예사조적 흐름과도 궤를 같이한다.

특히 기억과 감정이 자연 풍경과 어우러져 심리적, 철학적 차원으로 확장되는 점이 주목할 만하다. 이는 동양적 자연관과 현대인의 내면세계가 조화를 이루는 한편, 시적 언어를 통해 그 경계를 유연하게 넘나드는 시적 성취로 평가할 수 있다.

지금까지 살펴본 키워드와 대표작들을 바탕으로 이보희 시인의 시 세계를 다음 세 가지로 특징지을 수 있겠다.

첫째, 자연과 존재의 내면 융합을 시도한다.

이보희 시인의 시는 자연 풍경을 단순 묘사를 넘어 인간 내면의 정서와 존재론적 사유로 확장한다. 자연은 감정과 기억의 거울이자 철학적 성찰의 공간으로 작용하며, 자연 이미지에 깊은 의미층을 부여한다.

둘째, 관계 서정의 진솔한 구현을 도모한다.

가족, 친구, 사랑 등 다양한 인간관계를 주제로 삼아 그리움과 사랑, 상실의 감정을 사실적이고 섬세하게 그린다. 관계의 기억을 '시간의 집'으로 재구성하며, 정서적 온기와 인간 존재의 연결성을 강조한다.

셋째, 삶과 죽음에 대한 철학적 성찰을 담고 있다.

시인은 무상과 허무를 담담히 받아들이면서도, 그 속에서 빛나는 삶의 순간을 포착한다. 삶과 죽음, 머묾과 떠남의 문제를 깊이 있게 탐구하며, 존재의 유한성과 순간성에 대한 진지한 성찰을 보여준다.

요컨대, 이보희 시인은 전통적 서정성과 현대적 감수성을 조화시켜 자연과 인간, 관계를 통합하는 독창적 서정 세계를 구축하고 있다. 그의 시는 존재론적 깊이와 감각적 정서가 균형을 이루며, '피어남과 머묾'이라는 순환적 주제로 독자에게 따뜻한 위로와 성찰의 기회를 제공한다. 독자는 시 속 자연의 생명력과 인간 감정의 섬세한 결을 통해 삶의 순간순간에 의미를 부여받으며, 고독과 허무 속에서도 희망과 사랑을 발견한다.

　미학적으로는 이미지의 투명성과 언어의 절제미가 돋보이며, 전통 서정시의 아름다움을 현대적 시각으로 재해석한 점에서 문단 내 독보적 위치를 점할 가능성이 매우 높다. 앞으로 이보희 시인은 한국 현대시에서 자연과 인간의 조화를 탐구하는 대표적 시인으로 자리매김할 것으로 기대된다. 그의 시적 세계가 지속적인 독자 감동과 문학적 발전의 가능성을 가득 내포하고 있기 때문이다.

그림과책 시선 345

파도는 꽃잎을 피운다

초판 1쇄 발행일 _ 2025년 11월 27일

지은이 _ 이보희
펴낸이 _ 손근호

펴낸곳 _ 도서출판 그림과책
출판등록 2003년 5월 12일 제300-2003-87호

03924 서울특별시 마포구 월드컵북로54길 17 821호
　　　(상암동, 사보이시티디엠씨)
　　　　도서출판 그림과책
전화 (02)720-9875, 2987 _ 팩스 (02)720-4389
도서출판 그림과책 homepage _ www.sisamundan.co.kr
후원 _ 월간 시사문단(www.sisamundan.co.kr)
E-mail _ munhak@sisamundan.co.kr

ISBN 979-11-93560-53-2(03810)

값 12,000원